Método AIDA sin complicaciones: convierte la atención en ventas

Copyright © 2024 Reginaldo Osnildo
Reservados todos los derechos.

REGINALDO OSNILDO

PRESENTACIÓN

Bienvenido a "**Método AIDA sin complicaciones: convierte la atención en ventas**", la guía definitiva que transformará tu forma de ver y aplicar las estrategias de ventas y marketing en tu vida diaria. Si es un vendedor o especialista en marketing que busca no sólo alcanzar sino superar sus objetivos, este libro está hecho a su medida.

Vivimos en un mundo donde la atención al consumidor nunca ha sido más competitiva. Las constantes innovaciones tecnológicas y la avalancha de contenidos disponibles online hacen que el desafío de destacarse sea aún mayor. Aquí es donde entra en juego este libro: ser su faro en esta tormenta de información, ofreciéndole claridad y dirección. A lo largo de estas páginas, se le presentará el método AIDA (ATENCIÓN, INTERÉS, DESEO, ACCIÓN), un marco clásico que sigue siendo notablemente relevante en nuestra era digital, ayudándole a guiar a su cliente a través de cada paso del embudo de ventas con precisión. y eficacia.

No estamos aquí sólo para revisar teorías; Profundicemos en cómo se pueden adaptar y aplicar estos conceptos en el contexto actual, asegurándonos de salir no solo con conocimiento, sino también con un arsenal de estrategias listas para implementar. Este libro es el resultado de una extensa investigación, pero también de experiencias reales adaptadas a las necesidades del mercado actual. Cada capítulo ha sido cuidadosamente elaborado para brindar no solo teoría, sino también ejemplos prácticos, consejos aplicables y conocimientos valiosos que puede utilizar para optimizar sus estrategias de ventas y marketing.

¿QUÉ PUEDES ESPERAR?

- **Introducción detallada al método AIDA** , simplificando cada paso del proceso de compra y mostrando cómo puedes utilizar este conocimiento para crear estrategias más efectivas.

- **Estrategias creativas e innovadoras** para captar la atención del cliente, despertar interés, crear deseo y, en definitiva, inducir a la acción.

- Técnicas de personalización para que cada cliente se sienta único, aumentando las posibilidades de conversión en cada etapa del proceso.

- Consejos prácticos para superar barreras comunes, utilizando herramientas digitales para potenciar tus acciones y adaptando el método AIDA a diferentes canales, tanto online como offline.

Este libro es una invitación para que te sumerjas de lleno en el mundo de las ventas y el marketing, armado con el conocimiento y las herramientas necesarias para destacar. Con cada capítulo, descubrirá nuevas formas de atraer a sus clientes y, lo que es más importante, convertirlos. Y al final de este viaje, no sólo habrá absorbido una cantidad significativa de conocimientos, sino que también estará listo para aplicar estas estrategias y ver resultados tangibles.

¿Listo para transformar la atención en ventas de una forma sencilla? Entonces, pasa página y comienza este viaje. El siguiente paso, " **INTRODUCCIÓN AL MÉTODO AIDA: EL VIAJE DE COMPRA AL REVELADO** ", te espera con insights esenciales para empezar a aplicar ahora. Desbloqueemos juntos el potencial de su negocio y llevemos sus estrategias de ventas y marketing a un nuevo nivel.

Tuyo sinceramente

Reginaldo Osnildo

INTRODUCCIÓN AL MÉTODO AIDA: EL VIAJE DE COMPRA AL REVELADO

Bienvenido al primer paso de su transformación en estrategias de ventas y marketing. Este capítulo está dedicado a desvelar el método AIDA, un concepto que, a pesar de haber sido creado en el lejano año 1898 por Elias St. Elmo Lewis, sigue siendo increíblemente relevante y eficaz en el proceso de compra del consumidor moderno. AIDA es un acrónimo de ATENCIÓN, INTERÉS, DESEO y ACCIÓN, y sirve como hoja de ruta para guiar a los clientes potenciales en cada fase del proceso de compra.

A - Atención: El primer paso es captar la atención de tu público objetivo. En un mundo bombardeado por información, hacer que su producto o servicio destaque es crucial. En esta etapa, la creatividad y la visibilidad son tus mejores herramientas.

I - Interés: Una vez que se tiene la atención del consumidor, el siguiente paso es mantener y profundizar ese interés. Esto se hace resaltando los aspectos de su producto o servicio que son más relevantes y atractivos para su audiencia. Aquí es donde comienzas a crear una conexión más significativa con el cliente potencial.

D - Deseo: No es lo mismo interés que deseo. El deseo surge cuando el prospecto no sólo comprende los beneficios del producto o servicio, sino que también los interioriza, visualizando cómo podría mejorar su vida o resolver un problema específico.

A – Acción: la etapa final es donde animas al cliente a realizar una acción específica, ya sea realizar una compra, registrarse para una prueba gratuita o solicitar más información. Los llamados a la acción (CTA) son vitales aquí para convertir ese interés y deseo en acciones tangibles.

APLICANDO AIDA HOY

Quizás se pregunte: ¿cómo es posible que un concepto tan antiguo siga siendo relevante en la era digital? La respuesta está en la universalidad del recorrido del consumidor. A pesar de los cambios en los canales y las tecnologías, el proceso fundamental mediante el cual las personas toman decisiones de compra sigue siendo el mismo. Sin embargo, para ser efectiva hoy, es esencial adaptar y actualizar las estrategias de AIDA al contexto actual.

ATENCIÓN EN EL MUNDO DIGITAL

Captar la atención hoy significa comprender dónde pasa su tiempo su público objetivo y cómo consume información. Esto puede ser en las redes sociales, motores de búsqueda o mediante contenido de video. Lo importante es crear contenido que no sólo llame la atención, sino que también sea valioso y relevante para tu audiencia.

INTERÉS CON VALOR

Mantener el interés del cliente es más desafiante que nunca. Es crucial brindar valor continuo a través de contenido educativo, entretenimiento o soluciones a problemas comunes. Las historias de marca bien construidas y el contenido personalizado pueden resultar extremadamente eficaces en este caso.

DESEO A TRAVÉS DE LA CONEXIÓN

Crear deseo es crear una conexión emocional. Utilice historias de éxito de clientes, demostraciones de productos o visualizaciones de toda la vida para ayudar a los clientes potenciales a verse beneficiándose de su producto o servicio. Hacer tangible el producto, aunque sólo sea en la imaginación del cliente, es clave.

ACCIÓN SIMPLIFICADA

La acción debe ser fácil y libre de obstáculos. Esto significa tener un proceso de compra simple, opciones de pago flexibles y garantías que eliminen el riesgo percibido. Una buena CTA es clara, convincente y lleva al cliente directamente al siguiente paso deseado.

¿A DÓNDE VAMOS DESDE AQUÍ?

Ahora que tienes un conocimiento sólido del método AIDA y su relevancia hoy en día, es hora de profundizar en las estrategias específicas que puedes aplicar para captar la atención de tu audiencia. En el siguiente capítulo, " **CAPTAR LA ATENCIÓN: PRIMEROS PASOS PARA LA COMPROMISO** ", exploraremos técnicas creativas e innovadoras que no solo captan la atención sino que también sientan las bases para una relación duradera con sus clientes.

Prepárate para desbloquear el poder de la atención en tus estrategias de ventas y marketing. Convirtamos la teoría en práctica y comencemos el viaje para convertir la atención en ventas de una manera efectiva e impactante. Pasa la página y comienza a convertir el potencial en realidad.

CAPTAR LA ATENCIÓN: PRIMEROS PASOS PARA LA COMPROMISO

En el mundo actual, donde cada segundo cuenta y la competencia por la atención nunca ha sido tan feroz, captar la mirada del consumidor es el primer y, quizás, el mayor desafío de cualquier estrategia de ventas y marketing. En este capítulo, exploraremos cómo puede capturar de manera efectiva esta atención tan buscada, convirtiendo a los observadores pasivos en participantes activos en la historia de su marca.

ENTIENDA A SU AUDIENCIA

El primer paso para captar la atención es comprender profundamente quién es su público objetivo. ¿Cuales son tus intereses? ¿Dónde pasan su tiempo en línea? ¿Qué problemas están tratando de resolver? Una comprensión clara de su audiencia no sólo dirige su mensaje a las personas adecuadas, sino que también le ayuda a personalizar ese mensaje para que resuene en ellos a un nivel más profundo.

EL PODER DE LOS VISUALES

En una era dominada por las redes sociales, el contenido visual nunca ha sido más importante. Imágenes impactantes, videos atractivos y diseños llamativos tienen una capacidad incomparable para detener el desplazamiento de las pantallas y captar la atención. Invierta en contenido visual de alta calidad que destaque su producto o servicio de manera creativa e inesperada.

SÉ ÚTIL

Ofrecer valor desde el primer contacto es una estrategia infalible para captar y mantener la atención. Esto se puede hacer a través de contenido educativo como blogs, libros electrónicos, seminarios web o vídeos tutoriales que no sólo informan sino que también resuelven problemas para su público objetivo. Al posicionarse como una fuente de conocimiento y soluciones, no sólo capta la atención sino que también genera confianza.

CREA TÍTULOS ATRACTIVOS

En el mar de contenidos online, un título atractivo es como un faro para los barcos perdidos. Debería poder captar la atención y provocar suficiente curiosidad como para hacer que alguien se detenga y quiera saber más. Utilice números, preguntas, avances o declaraciones audaces para hacer que sus titulares sean irresistibles.

UTILIZA LAS REDES SOCIALES A TU VENTAJA

Las redes sociales son un terreno fértil para captar la atención, pero requieren un enfoque estratégico. Conocer las peculiaridades de cada plataforma y adaptar tu contenido a cada una de ellas puede aumentar significativamente tu alcance y engagement. Además, el uso de recursos como hashtags, historias y vidas relevantes puede amplificar su visibilidad y atraer más miradas hacia su marca.

LA NARRATIVA ES CLAVE

Las historias conectan a las personas. Usar la narrativa para contar la historia de su producto o servicio, cómo se creó, los problemas que resuelve o las vidas que cambió, puede ser extremadamente poderoso. Las personas recuerdan historias mucho después de olvidar estadísticas o hechos, así que utilice este poder a su favor.

LA AUTENTICIDAD GENERA CONEXIÓN

En un mundo de constantes ventas y marketing, la autenticidad destaca. Sea sincero en sus mensajes y en las historias que cuenta. Mostrarse detrás de escena, compartir desafíos y éxitos y mantener una voz coherente y genuina ayudará a crear una conexión emocional con su audiencia, haciendo que su marca sea más memorable.

PREPARANDO EL TERRENO PARA EL INTERÉS

Captar la atención es sólo el comienzo. El verdadero desafío comienza con mantener esa atención y transformarla en interés genuino. En el próximo capítulo, " **GANAR EL INTERÉS:**

MANTENER AL CLIENTE COMPROMETIDO ", profundizaremos en estrategias para mantener a su audiencia comprometida, interesada y ansiosa por obtener más información sobre su producto o servicio. Aprenderá a utilizar el interés que aquí se despierta para construir un camino sólido hacia el deseo y, en última instancia, la acción.

Prepárese para convertir la atención captada en un interés duradero. Este es el siguiente paso en su viaje para convertir la atención en ventas, creando una base de clientes que no sólo esté interesada, sino realmente comprometida con su marca. ¿Vamos juntos en esto?

GANAR EL INTERÉS: MANTENER AL CLIENTE COMPROMETIDO

Una vez que haya captado la atención de su audiencia, el siguiente gran desafío es convertir ese breve momento de concentración en un interés profundo y sostenido. Este capítulo está dedicado a estrategias que no sólo mantienen a su audiencia interesada sino que también aumentan su interés en su producto o servicio, animándolos a querer aprender más y eventualmente tomar una decisión de compra.

EDUCA A TU AUDIENCIA

La educación es una herramienta poderosa para mantener el interés del cliente. A través de contenidos que informan, enseñan y aportan valor, puedes ayudar a tu audiencia a comprender mejor tu sector, tu producto y cómo puede resolver sus problemas o satisfacer sus necesidades. Los blogs, libros electrónicos, seminarios web y vídeos tutoriales son formas excelentes de compartir conocimientos y mantener el interés de la audiencia.

COMUNICAR BENEFICIOS, NO SÓLO CARACTERÍSTICAS

Los clientes potenciales quieren saber cómo su producto o servicio puede mejorar sus vidas. En lugar de centrarse únicamente en las características técnicas, resalte los beneficios reales que obtendrán los usuarios. Por ejemplo, en lugar de decir que un smartphone tiene 128 GB de almacenamiento, explica cómo en este espacio se pueden almacenar miles de fotos, vídeos y aplicaciones, simplificando la vida del usuario.

INTERACTUAR Y PARTICIPAR

La interacción es clave para mantener vivo el interés. Utilice las redes sociales, correos electrónicos y chats para hablar directamente con su audiencia, responder sus preguntas y escuchar sus comentarios. Crear una comunidad en torno a su marca donde los clientes se sientan escuchados y valorados puede convertir el interés inicial en lealtad a largo plazo.

UTILIZAR LA NARRACIÓN

Las historias tienen el poder de involucrar a las personas a un nivel emocional. Compartir historias de éxito de clientes, el proceso detrás de la creación de su producto o incluso los desafíos que enfrentó en el camino puede hacer que su marca sea más identificable y aumentar el interés de la audiencia. Las personas se sienten atraídas naturalmente por las narrativas que despiertan emociones, así que úsalas a tu favor.

MANIFESTACIONES Y PRUEBA SOCIAL

Una de las mejores formas de aumentar el interés es mostrar su producto en acción. Las demostraciones, pruebas gratuitas, muestras o recorridos virtuales permiten a los clientes probar su producto antes de comprarlo, lo que aumenta significativamente el interés. Además, incluya reseñas, testimonios y estudios de casos como prueba social para reforzar la confianza y el interés en su producto.

PERSONALIZA LA EXPERIENCIA

En un mundo saturado de contenido genérico, la personalización puede hacer que su marca se destaque. Utilice datos e insights para ofrecer recomendaciones, contenido y ofertas personalizados que se alineen con los intereses y necesidades individuales de su audiencia. La personalización no sólo aumenta el interés sino que también fortalece la conexión con tu marca.

MANTENER NUEVO

Mantener su producto, servicio o contenido actualizado y ofrecer nuevas funciones con regularidad puede reavivar y mantener el interés de su audiencia. Ya sea a través del lanzamiento de nuevos productos, actualizaciones de funciones o contenido nuevo y relevante, la novedad anima a los clientes a seguir comprometidos con su marca.

AVANZADO HACIA EL DESEO

Despertar y mantener el interés es crucial, pero es sólo una parte del camino. En el próximo capítulo, " **CREAR EL DESEO: EL CORAZÓN DE LA CONVERSIÓN "** , exploraremos cómo puedes convertir este interés sostenido en un deseo ardiente por tu producto o servicio. Prepararemos el escenario para que este interés evolucione a la siguiente etapa, donde los clientes estén listos para actuar en función de sus emociones y percepciones sobre el valor que usted ofrece.

Esté preparado para profundizar aún más en las técnicas que no sólo capturan la mente de sus clientes sino que también conquistan sus corazones. Convirtamos juntos el interés en deseo, acercando cada vez más a tus clientes a la acción de compra final.

CREAR DESEO: EL CORAZÓN DE LA CONVERSIÓN

Transformar el interés de tus clientes en deseo es un arte y una ciencia. En esta etapa, el objetivo es hacer que sus clientes no sólo quieran, sino que sientan que necesitan su producto o servicio. Aquí exploraremos estrategias efectivas para crear ese deseo profundo, allanando el camino hacia la acción de compra final.

APELACIÓN A LAS EMOCIONES

El deseo es alimentado por las emociones. Para crear un deseo profundo por su producto o servicio, necesita conectarse emocionalmente con su audiencia. Esto se puede hacer a través de narraciones, imágenes que provoquen sentimientos o mensajes que resuenan con los valores y aspiraciones de los clientes. Muestre cómo su producto puede transformar la vida del cliente, brindándole felicidad, alivio, seguridad o cualquier otra emoción que su producto prometa brindar.

EXCLUSIVIDAD DESTACADA

La gente desea lo que se percibe como exclusivo o limitado. Resalta la singularidad de tu producto o servicio, enfatizando cualquier aspecto que lo diferencie de la competencia. Esto puede incluir un diseño innovador, funcionalidad única, disponibilidad limitada o acceso a una comunidad exclusiva. La sensación de tener algo único puede transformar el interés en deseo.

PODEROSAS DEMOSTRACIONES

Ver para creer, y nada crea más deseo que una prueba visual de que su producto funciona de maravilla. Invertir en demostraciones de productos, videos de antes y después y estudios de casos detallados puede hacer maravillas para convencer a los clientes potenciales del valor real y tangible que su producto o servicio puede aportar a sus vidas.

REFUERZO DE LA PRUEBA SOCIAL

La opinión de los demás tiene un impacto significativo en el deseo. Incluir críticas positivas, testimonios de clientes e historias de éxito en su comunicación puede reforzar el deseo, mostrando que otras personas no sólo lo querían, sino que están satisfechas y contentas con la decisión de compra. La prueba social es una poderosa herramienta de persuasión que puede generar deseo y confianza en su oferta.

CREAR URGENCIA

El deseo puede verse intensificado por el sentimiento de urgencia. Ofertas por tiempo limitado, cuentas atrás o stock limitado son tácticas que pueden hacer que los clientes actúen rápidamente para no perder la oportunidad. La clave es comunicar que tomar medidas ahora es esencial para garantizar el valor que proporciona su producto o servicio.

PERSONALIZACIÓN Y RECOMENDACIÓN

La personalización eleva el deseo al hacer que el cliente sienta que su oferta está hecha a su medida. Utilice los datos y preferencias de los clientes para personalizar recomendaciones, ofertas y mensajes. La sensación de que una solución fue creada específicamente para satisfacer sus necesidades puede transformar un interés moderado en un deseo ardiente.

COMPROMISO SENSORIAL

Aprovecha todos tus sentidos para crear una experiencia inmersiva en torno a tu producto o servicio. Esto puede resultar un desafío en el entorno digital, pero no imposible. Utilice descripciones ricas, imágenes vívidas, videos atractivos y experiencias interactivas para estimular los sentidos y hacer que el deseo por su producto o servicio sea innegable.

PREPARARSE PARA LA ACCIÓN

Crear deseo es el preludio del paso final y más crucial: la acción. En el próximo capítulo, " **CONDUCIR A LA ACCIÓN: ESTRATEGIAS DE CIERRE EFECTIVAS** ", nos centraremos en cómo convertir ese deseo en decisiones de compra concretas. Exploremos las mejores prácticas para alentar a sus clientes a dar el último paso, utilizando llamadas a la acción efectivas y estrategias de cierre que conviertan el interés y el deseo en ventas reales.

Esté preparado para aprender cómo cerrar el trato, asegurándose de que el deseo cuidadosamente cultivado en sus clientes se traduzca en acción. Hagamos juntos la transición del deseo a la decisión, cerrando el ciclo AIDA con éxito y eficacia.

CONDUCIR A LA ACCIÓN: ESTRATEGIAS DE CIERRE EFECTIVAS

Después de despertar con éxito la atención, el interés y el deseo de sus clientes, el paso final del proceso AIDA es llevarlos a la acción. Este capítulo está dedicado a convertir el deseo ferviente en decisiones de compra concretas, utilizando estrategias de cierre que no sólo alienten sino que también faciliten la acción por parte de los clientes.

LLAMADOS A LA ACCIÓN CLAROS Y CONVINCENTES

Un llamado a la acción (CTA) eficaz es crucial para atraer a los clientes a dar el siguiente paso. Su CTA debe ser clara, directa y comunicar exactamente lo que desea que haga el cliente, ya sea realizar una compra, suscribirse a un boletín informativo o solicitar más información. Utilice verbos de acción y lenguaje que inspire urgencia o beneficio para motivar una respuesta inmediata.

SIMPLIFICA EL PROCESO DE COMPRA

Una de las mayores barreras para la acción es un proceso de compra complicado o que requiere mucho tiempo. Analizar y optimizar el camino de compra del cliente eliminando obstáculos innecesarios. Esto puede incluir simplificar formularios, ofrecer múltiples opciones de pago y garantizar que su sitio web o plataforma de comercio electrónico sea rápido, seguro y fácil de navegar.

OFERTAS POR TIEMPO LIMITADO

Crear una sensación de urgencia a través de ofertas por tiempo limitado es una táctica comprobada para impulsar la acción. Ofertas especiales, descuentos y bonos exclusivos disponibles por tiempo limitado solo alientan a los clientes a actuar rápidamente para no perderse nada.

GARANTÍAS Y PRUEBA SOCIAL

Ofrecer garantías, como la devolución del dinero dentro de un período específico o garantías de satisfacción, puede reducir el riesgo percibido y alentar la acción. Además, resaltar las pruebas sociales, como testimonios de clientes y calificaciones positivas, refuerza la confianza en su oferta y motiva a los clientes a unirse a otros que ya han tomado una decisión de compra.

PERSONALIZACIÓN EN OFERTAS

La personalización puede ser un diferenciador significativo en sus estrategias de cierre. Las ofertas personalizadas, basadas en las preferencias y el comportamiento anterior de los clientes, demuestran que comprende sus necesidades específicas, lo que aumenta las posibilidades de conversión.

DEMOSTRACIONES Y PRUEBAS GRATUITAS

Permitir que los clientes prueben su producto o servicio antes de comprarlo puede ser un poderoso motivador para la acción. Las pruebas, muestras o demostraciones prácticas gratuitas reducen la incertidumbre y permiten a los clientes ver por sí mismos el valor de su oferta.

SEGUIMIENTO Y RECUPERACIÓN DEL CARRITO

No renuncies a los clientes que muestran interés pero dudan en el último momento. Las estrategias de seguimiento, como correos electrónicos de recuperación del carrito u ofertas especiales para artículos de la lista de deseos , pueden reavivar el interés y fomentar la finalización de la compra.

AVANZAR MÁS ALLÁ DE LA ACCIÓN

Completar una venta no es el final del viaje con su cliente; Es solo el comienzo de una relación que puede generar negocios repetidos y referencias valiosas. En el próximo capítulo, " **PERSONALIZACIÓN EN EL PROCESO AIDA: HACER QUE EL CLIENTE SE SIENTA ÚNICO** ", exploraremos cómo continuar atrayendo a sus clientes de manera significativa al personalizar su experiencia posterior a la compra para lograr lealtad y satisfacción a largo plazo.

Prepárese para aprender cómo la personalización, no solo durante sino también después del proceso de ventas, puede transformar a los clientes satisfechos en defensores leales de su marca, perpetuando un círculo virtuoso de compromiso y conversión.

PERSONALIZACIÓN EN EL PROCESO AIDA: HACER QUE EL CLIENTE SE SIENTA ÚNICO

La era digital ha transformado la forma en que interactuamos con las marcas y los productos, aumentando las expectativas de personalización de los clientes. Un enfoque personalizado no sólo amplifica la efectividad de cada etapa del método AIDA, sino que también fortalece la relación con el cliente, haciéndolo sentir único y valorado. En este capítulo, exploraremos cómo integrar la personalización en cada paso del proceso AIDA para enriquecer la experiencia del cliente y fortalecer la lealtad a la marca.

ATENCIÓN: ORIENTACIÓN PERSONALIZADA

El viaje personalizado comienza con captar la atención del cliente. Utilice datos demográficos, de comportamiento y de navegación para segmentar su audiencia y crear mensajes y ofertas que resuenan directamente con los intereses y necesidades específicos de diferentes grupos. Las herramientas de análisis y las plataformas de automatización de marketing son esenciales para identificar patrones y preferencias, lo que le permite ajustar sus campañas para atraer la atención de manera más efectiva.

INTERÉS: CONTENIDO PERSONALIZADO

Después de captar la atención, mantenga al cliente interesado con contenido personalizado. Esto puede incluir correos electrónicos dirigidos, recomendaciones de productos basadas en compras anteriores o navegación en el sitio web y contenido de blog que aborde preguntas específicas para segmentos de su audiencia. La clave es demostrar que comprende y se preocupa por los intereses únicos de cada cliente, brindando valor y construyendo una relación continua.

DESEO: OFERTAS A MEDIDA

Convertir el interés en deseo requiere una comprensión aún más profunda de las preferencias de los clientes. Utilice los datos recopilados para personalizar ofertas, destacando cómo sus productos o servicios pueden satisfacer las necesidades específicas de sus clientes o resolver problemas particulares. La personalización aquí puede incluir ofertas especiales, paquetes personalizados o vistas previas exclusivas, todos diseñados para que el cliente sienta que la oferta fue hecha especialmente para él.

ACCIÓN: EXPERIENCIA DE COMPRA SIMPLIFICADA

Cuando el cliente está listo para actuar , la personalización puede simplificar y enriquecer la experiencia de compra. Esto incluye pago personalizado, que recuerda las preferencias de pago y entrega, ofertas posteriores a la compra basadas en el historial de compras y atención al cliente que reconoce al cliente y sus interacciones pasadas con la marca. Este enfoque no sólo facilita la acción de compra, sino que también refuerza la sensación de ser valorado y comprendido.

POSTVENTA: COMUNICACIÓN CONTINUA

La personalización no termina con la compra. La posventa es una oportunidad de oro para seguir construyendo la relación. Esto puede incluir seguimiento personalizado, soporte posventa personalizado y ofertas de reactivación basadas en intereses específicos del cliente. Mantener una comunicación relevante y personalizada después de la compra aumenta la satisfacción, la lealtad y las posibilidades de recompra.

USANDO LA TECNOLOGÍA PARA PERSONALIZAR

La tecnología es un aliado esencial en la personalización del proceso AIDA. Las plataformas de CRM, análisis de datos, inteligencia artificial y automatización de marketing son herramientas clave para recopilar, analizar y actuar sobre los datos de los clientes de forma eficaz. Le permiten no solo personalizar a escala, sino también ajustar y perfeccionar continuamente sus estrategias para satisfacer mejor las necesidades cambiantes de sus clientes.

MIRANDO HACIA EL FUTURO

Implementar la personalización en cada paso del proceso AIDA no es solo una estrategia para mejorar las conversiones; Es una inversión en el futuro de su relación con los clientes. En el próximo capítulo, " **SUPERANDO BARRERAS: AIDA EN LA PRÁCTICA** " , exploraremos cómo superar desafíos comunes e implementar de manera efectiva estas estrategias en el mundo real, asegurando que su enfoque hacia AIDA esté siempre alineado con las expectativas del cliente y las tendencias del mercado.

Esté preparado para convertir los conocimientos en acciones que no solo capten la atención, sino que también establezcan relaciones duraderas, haciendo que cada cliente se sienta verdaderamente único y valorado en cada etapa de su viaje.

SUPERANDO BARRERAS: AIDA EN LA PRÁCTICA

La implementación del método AIDA, si bien es efectiva, puede enfrentar numerosos desafíos y barreras en el dinámico entorno de ventas y marketing actual. Este capítulo cubre estrategias prácticas para superar estos obstáculos, asegurando que pueda aplicar el método AIDA de manera eficiente y efectiva en sus campañas de marketing y esfuerzos de ventas.

IDENTIFICAR Y SUPERAR BARRERAS EN LA ATENCIÓN

En la etapa de ATENCIÓN, la principal barrera es el ruido del mercado. Con tantas marcas compitiendo por la atención de la misma audiencia, destacarse se convierte en un desafío.

Estrategias:

- **Orientación precisa:** utilice datos demográficos, conductuales y psicográficos para refinar su público objetivo, asegurando que sus mensajes lleguen a las personas con mayor probabilidad de estar interesadas en lo que ofrece.

- **Marketing de contenidos de valor:** cree contenido que no sólo sea relevante, sino también valioso y útil para su audiencia. Esto puede incluir guías, tutoriales y estudios de casos que aborden problemas o intereses específicos.

- **Uso de medios pagos:** invertir en publicidad paga en plataformas donde su público objetivo pasa tiempo puede ayudar a eliminar el ruido, especialmente cuando se orienta correctamente.

SUPERAR LOS DESAFÍOS DE INTERÉS

Mantener el interés de la audiencia una vez que se ha captado su atención puede ser un desafío, especialmente ahora que la capacidad de atención en línea está disminuyendo.

Estrategias:

- **Participación interactiva:** utilice herramientas como cuestionarios, encuestas y juegos para atraer a su audiencia de forma interactiva, manteniendo vivo el interés.

- **Comunicación directa:** los correos electrónicos personalizados y los mensajes directos en las redes sociales pueden ayudar a construir una relación más personal y mantener el interés en el tiempo.

TRANSFORMAR EL INTERÉS EN DESEO

La transición del interés al deseo es crucial y requiere una comprensión profunda de las motivaciones y necesidades de su audiencia.

Estrategias:

- **Demostraciones y testimonios:** mostrar su producto o servicio en acción, junto con testimonios de clientes satisfechos, puede convertir el interés curioso en un deseo apasionado.

- **Ofertas personalizadas:** utilice la personalización para crear ofertas que respondan directamente a las necesidades y deseos individuales del cliente.

HACER LA ACCIÓN MÁS FÁCIL

El último paso, inducir la acción, puede encontrar resistencia en forma de vacilación o fricción en el proceso de compra.

Estrategias:

- **Simplificar el proceso de pago:** Asegúrate de que el proceso de compra sea lo más sencillo y directo posible, minimizando pasos innecesarios y facilitando la finalización de la compra.

- **Garantías y políticas de devolución claras:** ofrecer garantías sólidas y una política de devolución clara para reducir el riesgo percibido y fomentar la acción.

SUPERAR BARRERAS CON RETROALIMENTACIÓN Y AJUSTES

CONTINUOS

Un componente crucial para superar las barreras en cualquier etapa de AIDA es la retroalimentación continua y la voluntad de ajustar sus estrategias.

- **Recopilación y análisis de datos:** utilice datos de las interacciones con los clientes, comentarios de campañas y análisis de rendimiento para comprender dónde están surgiendo las barreras.

- **Pruebas A/B:** realice pruebas A/B periódicamente en sus campañas para comprender qué funciona mejor y adaptar sus estrategias en consecuencia.

MIRANDO HACIA EL FUTURO

La aplicación práctica del método AIDA requiere flexibilidad, innovación y un compromiso continuo de adaptación a los cambios del mercado y las necesidades de los clientes. En el siguiente capítulo, " **USO DE HERRAMIENTAS DIGITALES PARA IMPULSAR AIDA** ", exploraremos cómo se pueden aprovechar las herramientas digitales y tecnológicas para amplificar el impacto de cada paso de AIDA, ayudándole a alcanzar sus objetivos de marketing y ventas de manera más efectiva.

Prepárese para sumergirse en las tecnologías y plataformas que pueden transformar su enfoque hacia AIDA, asegurándose de estar equipado para enfrentar los desafíos del marketing moderno y aprovechar al máximo cada oportunidad de participación del cliente.

USO DE HERRAMIENTAS DIGITALES PARA IMPULSAR AIDA

En el entorno de marketing actual, altamente digitalizado y en constante evolución, el uso estratégico de herramientas digitales es fundamental para maximizar el impacto del método AIDA. Este capítulo explora las tecnologías y plataformas que se pueden utilizar en cada etapa de AIDA, ayudándole a captar la atención, mantener el interés, crear deseo e impulsar la acción de manera más eficiente y efectiva.

HERRAMIENTAS PARA CAPTAR LA ATENCIÓN

La batalla por la atención del consumidor es feroz y las herramientas digitales pueden ser aliados valiosos para destacar.

- **Publicidad paga en redes sociales y búsqueda:** plataformas como **Google Ads** y **Facebook Ads** permiten una orientación precisa y la entrega de mensajes directamente a los usuarios con mayor probabilidad de estar interesados en su producto o servicio.

- **SEO (optimización de motores de búsqueda):** herramientas como **SEMrush** y **Ahrefs** pueden ayudar a optimizar su contenido para los motores de búsqueda, aumentando la visibilidad orgánica y atrayendo tráfico relevante a su sitio web.

MANTENER EL INTERÉS CON EL CONTENIDO

El contenido es el rey a la hora de mantener el interés del cliente. Utilice plataformas y herramientas para crear y distribuir contenido que atraiga e informe a su público objetivo.

- **Plataformas de gestión de contenidos (CMS): WordPress** y **HubSpot** son ejemplos de sistemas que facilitan la creación, gestión y optimización de contenidos para diferentes canales.

- **Automatización de marketing:** Herramientas como **Mailchimp** y **Marketo** le permiten automatizar campañas de marketing por correo electrónico, manteniendo a su audiencia comprometida con contenido personalizado y relevante.

CREAR DESEO CON PERSONALIZACIÓN

La personalización es fundamental para transformar el interés en deseo. Las herramientas digitales pueden ayudar a personalizar la experiencia del usuario al mostrar cómo su producto o servicio encaja perfectamente en sus vidas.

- **Plataformas de datos de clientes (CDP):** herramientas como **Segment** y **Tealium** recopilan y organizan datos de clientes en una sola vista, lo que permite una segmentación avanzada y personalización de mensajes.

- **Recomendación y personalización de contenido:** herramientas como **Optimizely** y **Adobe Target** le permiten personalizar las experiencias del usuario en el sitio web o en las aplicaciones, aumentando la relevancia y el deseo por el producto.

CONDUCIR A LA ACCIÓN CON FACILIDAD

Facilitar a los clientes la acción es crucial para convertir el interés y el deseo en ventas.

- **Plataformas de comercio electrónico: Shopify** y **Magento** ofrecen soluciones sólidas para crear experiencias de compra en línea optimizadas, simplificando el proceso de pago para reducir el abandono del carrito.

Herramientas de optimización de la tasa de conversión): Hotjar y **Crazy Egg** brindan información sobre el comportamiento del usuario en su sitio web, lo que le permite optimizar las páginas para la conversión, resaltar las CTA y simplificar el recorrido del usuario.

INTEGRANDO HERRAMIENTAS PARA UNA ESTRATEGIA COHESIVA

La clave para maximizar el impacto de AIDA en el entorno digital es integrar estas herramientas en una estrategia cohesiva. Esto significa garantizar que cada herramienta y plataforma se utilice de una manera que complemente y refuerce a las demás, creando un recorrido del cliente fluido y persuasivo que lo guíe sin problemas de un paso de AIDA al siguiente.

A medida que avanzamos hacia " **AIDA EN DIFERENTES CANALES: ONLINE Y OFFLINE** ", es crucial entender cómo estas herramientas digitales integran y complementan las estrategias offline, asegurando un enfoque de marketing omnicanal que llegue al consumidor dondequiera que esté. Este equilibrio entre lo digital y lo físico es esencial para crear campañas de marketing y ventas verdaderamente efectivas.

Prepárese para explorar cómo armonizar sus estrategias en línea y fuera de línea, utilizando lo mejor de ambos mundos para captar la atención, atraer, crear deseo e impulsar acciones en una variedad de contextos y puntos de contacto con el cliente.

AIDA EN DIFERENTES CANALES: ONLINE Y OFFLINE

En el mundo de las ventas y el marketing, comprender cómo aplicar el método AIDA tanto en canales online como offline es crucial para llegar a un amplio espectro de clientes potenciales y maximizar el impacto de sus estrategias. Este capítulo explora cómo puede armonizar sus acciones entre los dos mundos, creando una experiencia de marca cohesiva y eficaz que guíe al consumidor en cada paso del proceso de compra, independientemente del canal.

ATENCIÓN A CANALES DIVERSIFICADOS

El primer paso de AIDA, captar la atención, se puede lograr a través de una variedad de canales.

- **En línea:** las redes sociales, el SEO y la publicidad paga son herramientas poderosas para captar la atención en línea. Cada plataforma tiene su propio conjunto de mejores prácticas y formatos que se pueden explorar para llegar a su público objetivo.

- **Fuera de línea:** la publicidad tradicional, como vallas publicitarias, radio y televisión, sigue siendo eficaz para llegar a una audiencia amplia y diversa. La participación en eventos y patrocinios también puede aumentar la visibilidad de la marca.

MANTENER EL INTERÉS

Mantener el interés del cliente requiere contenido relevante y atractivo, tanto online como offline.

- **Online:** Los blogs, los correos electrónicos y las redes sociales son plataformas ideales para ofrecer contenidos que eduquen, entretengan e informen, manteniendo el interés en el tiempo.

- **Fuera de línea:** los materiales impresos, como folletos y boletines, así como talleres y seminarios, pueden proporcionar valor agregado y al mismo tiempo mantener el interés de su audiencia.

CREANDO DESEO

Convertir el interés en deseo requiere una comprensión profunda de las motivaciones de su cliente y una presentación convincente de los beneficios de su producto o servicio.

- **En línea:** la personalización y las recomendaciones de productos basadas en datos de comportamiento del usuario en línea pueden crear una conexión más profunda y generar deseo.

- **Fuera de línea:** las demostraciones de productos en vivo, las experiencias inmersivas en la tienda o el servicio personalizado pueden ser extremadamente efectivos para crear deseo.

CONDUCIR A LA ACCIÓN

La acción es el objetivo final, y facilitar este paso al cliente es fundamental, ya sea online u offline.

- **En línea:** los pagos optimizados, las ofertas por tiempo limitado y las CTA claras en sitios web y plataformas de comercio electrónico son clave para convertir el interés en compra.

- **Fuera de línea:** vendedores bien capacitados, ofertas exclusivas en la tienda y opciones de pago sencillas pueden impulsar a los clientes a actuar de manera efectiva.

ESTRATEGIAS INTEGRADAS PARA UN MAYOR IMPACTO

La clave para una estrategia AIDA multicanal exitosa es la integración. Las campañas deben ser cohesivas y complementarias, garantizando que los mensajes y valores de la marca sean coherentes en todos los puntos de contacto con el cliente.

- **Campañas multicanal:** Desarrollar campañas que crucen

online y offline, reforzando el mensaje de la marca y guiando suavemente al cliente de una etapa de AIDA a la siguiente.

- Análisis y ajuste: Utilice datos de ambos mundos para analizar el rendimiento, ajustar estrategias y optimizar el retorno de la inversión.

A medida que pasamos a "**RECURSOS PARA PROFUNDIZAR TUS CONOCIMIENTOS**", es esencial reconocer que aplicar eficazmente el método AIDA, ya sea en línea, fuera de línea o mediante un enfoque integrado, requiere una comprensión profunda de su público objetivo y una capacidad de adaptación y Personalice sus estrategias para satisfacer sus necesidades y preferencias. Prepárese para explorar una variedad de recursos que profundizarán su comprensión y capacidad para aplicar el método AIDA de manera efectiva a sus propias campañas.

RECURSOS PARA PROFUNDIZAR TUS CONOCIMIENTOS

Dominar el método AIDA y aplicarlo eficazmente en tus estrategias de marketing y ventas es un proceso continuo de aprendizaje y adaptación. Afortunadamente, existe una amplia gama de recursos disponibles para profundizar sus conocimientos y perfeccionar sus habilidades. Este capítulo ofrece una cuidadosa selección de recursos que pueden enriquecer su comprensión de AIDA y mejorar sus campañas.

LIBROS

- **Influencia: La psicología de la persuasión, de Robert Cialdini** : Aunque no se centra exclusivamente en AIDA, este clásico proporciona información fundamental sobre cómo se persuade a las personas, lo cual es fundamental en cada etapa de AIDA.

- **Contagioso: Cómo construir el boca a boca en la era digital, por Jonah Berger** : aprenda a crear contenido que capte la atención y se comparta ampliamente, un componente clave de la etapa de Atención en AIDA.

- **Hecho para perdurar: Por qué algunas ideas sobreviven y otras mueren por Chip Heath y Dan Heath** : este libro ofrece estrategias valiosas para hacer que sus mensajes sean memorables, ayudando a mantener el interés y crear deseo.

CURSOS ONLINE

- **Especialización en marketing digital, en Coursera** : ofrecido por la Universidad de Illinois, este curso cubre varias facetas del marketing digital, incluido cómo captar la atención y atraer a una audiencia en línea.

- **Marketing en un mundo digital, en edX** : este curso explora cómo las herramientas digitales transforman el marketing y pueden usarse para implementar el método AIDA de manera efectiva.

TALLERES Y SEMINARIOS WEB

- Asistir a talleres y seminarios web ofrecidos por líderes de la industria e instituciones educativas puede proporcionar información práctica y actualizada sobre cómo se aplica AIDA en diferentes sectores. Busque eventos que se centren en las tendencias emergentes en marketing digital, psicología del consumidor y estrategias de contenido.

BLOGS Y PODCASTS

- **Blog de HubSpot** : una excelente fuente de artículos educativos sobre todos los aspectos del marketing y las ventas, incluidas las estrategias para implementar AIDA.

- **Marketing Over Coffee** : un podcast que cubre tanto las tácticas de marketing tradicionales como las últimas tendencias en marketing digital, ofreciendo conocimientos aplicables a AIDA.

HERRAMIENTAS DE ANÁLISIS Y PRUEBAS

- Dominar el uso de herramientas de análisis como Google Analytics, así como plataformas de pruebas A/B como Optimizely, es crucial para medir la efectividad de sus estrategias AIDA y ajustar sus enfoques en función de datos reales.

PRÓXIMOS PASOS

Con estos recursos a su alcance, estará bien equipado para explorar más a fondo cada aspecto del método AIDA y cómo se puede aplicar para mejorar sus estrategias de marketing y ventas. En el siguiente capítulo, " **PLAN DE ACCIÓN DE 30 DÍAS: IMPLEMENTANDO AIDA EN SU PROCESO DE VENTAS** " , le brindaremos una guía paso a paso para poner en práctica lo que ha aprendido, ayudándolo a convertir la teoría en acción y las ideas en resultados medibles. Prepárese para sumergirse en un plan práctico que estructurará su aplicación de AIDA, asegurándose de que pueda comenzar a ver mejoras tangibles en sus campañas de marketing y ventas.

PLAN DE ACCIÓN DE 30 DÍAS: IMPLEMENTANDO AIDA EN SU PROCESO DE VENTAS

Implementar eficazmente el método AIDA en sus estrategias de marketing y ventas puede transformar la participación del cliente y aumentar las conversiones. Este capítulo ofrece un plan de acción detallado de 30 días para integrar AIDA en su proceso de ventas, garantizando un enfoque estructurado que puede adaptarse a las necesidades específicas de su negocio.

DÍA 1-2: DEFINE SU PÚBLICO OBJETIVO

- Realizar una investigación detallada para identificar claramente a su público objetivo. Utilice datos demográficos, psicográficos y de comportamiento para crear personajes de clientes.

DÍA 3-4: MAPEA EL VIAJE DEL CLIENTE

- Comprenda cómo se mueve su público objetivo a través del embudo de ventas. Identifique los puntos de contacto clave y cómo se aplica el método AIDA en cada etapa.

DÍA 5-7: PLANIFICAR ESTRATEGIAS ESPECÍFICAS DE AIDA

- Desarrollar ideas creativas para captar la atención, generar interés, crear deseo e inducir la acción. Planifique campañas que se puedan ejecutar en diferentes canales, tanto online como offline.

DÍA 8-10: CREA CONTENIDO PARA CAPTAR LA ATENCIÓN

- Desarrolle contenido visual atractivo, titulares atractivos y mensajes persuasivos diseñados para captar la atención de su público objetivo.

DÍA 11-12: LANZAMIENTO CAMPAÑAS DE ATENCIÓN

- Implementa tus campañas de atención utilizando publicidad paga, redes sociales, SEO y otros canales relevantes.

DÍA 13-15: SEGUIMIENTO Y AJUSTE

- Monitorear el desempeño de tus campañas de atención. Utilice herramientas de análisis para ajustar y optimizar las estrategias según sea necesario.

DÍA 16-18: DESARROLLAR CONTENIDO ATRACTIVO

- Produzca y distribuya contenido que eduque e informe a su audiencia, como artículos de blogs, libros electrónicos y seminarios web, para mantener el interés.

DÍA 19-20: ESTRATEGIAS DE COMPROMISO

- Implementar estrategias interactivas, como cuestionarios y encuestas, para aumentar la participación del cliente.

DÍA 21-22: EVALUACIÓN Y OPTIMIZACIÓN

- Revisar las métricas de participación. Realizar ajustes a las estrategias para mejorar el interés y el compromiso del cliente.

DÍA 23-24: CREA OFERTAS PERSONALIZADAS

- Utilice los datos de los clientes para crear ofertas personalizadas que respondan directamente a sus necesidades, aumentando el deseo.

DÍA 25-26: MANIFESTACIONES Y PRUEBA SOCIAL

- Implemente demostraciones de productos y comparta testimonios y estudios de casos para fortalecer el deseo por su producto o servicio.

DÍA 27: ANÁLISIS DEL DESEO

- Evaluar la efectividad de tus estrategias en la creación de deseo. Ajuste su enfoque en función de los comentarios y los datos que recopile.

DÍA 28-29: HAGA LA COMPRA MÁS FÁCIL

- Simplificar el proceso de compra e implementar CTAs

claros y atractivos. Ofrezca incentivos, como descuentos por tiempo limitado u ofertas especiales, para fomentar la acción.

DÍA 30: EVALUACIÓN FINAL Y AJUSTES

- Revisar el desempeño general de las campañas de AIDA. Identificar áreas de éxito y aquellas que necesitan mejorar. Planifique sus próximos pasos para perfeccionar y ampliar sus estrategias AIDA.

Este plan de 30 días es solo el comienzo. Implementar el método AIDA en su proceso de ventas es un ciclo continuo de aprendizaje, prueba y optimización. Utilice los conocimientos adquiridos durante este mes para perfeccionar sus enfoques, explorar nuevas estrategias y continuar construyendo relaciones más profundas con sus clientes. Con dedicación y adaptación, el método AIDA puede convertirse en una poderosa herramienta en su arsenal de marketing y ventas, impulsando la participación del cliente y llevando sus conversiones a nuevas alturas.

Al pasar juntos la página final de este viaje, espero sinceramente que los aprendizajes compartidos aquí hayan tocado su corazón y hayan generado nuevas perspectivas. Si este libro le ha aportado algún valor, le pido que se tome unos minutos para dejar una reseña en Amazon. Tus palabras no sólo me ayudan a crecer y perfeccionar mi oficio, sino que también guían a otros lectores en su búsqueda de conocimiento e inspiración. Tu opinión es un regalo valioso, tanto para mí como para la comunidad de lectores que buscan historias que transformen. Sinceramente les agradezco por compartir este viaje conmigo y espero que podamos volver a encontrarnos en las páginas de una nueva aventura.

REGINALDO OSNILDO

Hola, soy Reginaldo Osnildo, autor e innovador en las áreas de ventas, tecnología y estrategias de comunicación. Mi experiencia abarca desde el ámbito académico, como profesor e investigador de la Universidad del Sur de Santa Catarina, hasta ejercer como estratega en el Grupo Catarinense de Rádios. Con un doctorado en narrativas de ventas y convergencia digital, y una maestría en narración e imaginario social, ofrezco a mis lectores una fusión única de teoría y práctica. Mi objetivo es aportar conocimientos en un lenguaje sencillo, práctico y didáctico, fomentando su aplicación directa en la vida personal y profesional.

Tuyo sinceramente

Reginaldo Osnildo

+55 48 991913865

reginaldoosnildo@gmail.com